僅以此書紀念許清水先生，我的外曾祖父。

出大甲城 × Ballbos

Beyond Dajia's Gate

不知道從什麼時候開始，

　「媽祖婆」這個稱呼總在我無助、驚慌的時候，

　「啪」的浮現在腦海。

回家路上的千呎高空中，當這道嚇人的亂流來襲時，

我跟她之間像是跨越空間，緊緊連結了起來。

大甲人小時候就會聽到許多關於媽祖廟和拜拜的事情。

躲在供桌下偷看廟裡的人究竟在做些什麼，

就成了小時候的外婆和玩伴們滿足好奇心的小冒險。

你還會聽到有關媽祖的助手——

千里眼和順風耳的故事。

他們對於遠處發生的大小事瞭若指掌，
儼然是我幼年時的偶像。

East China Coast

晉
江

泉
州

後來書本告訴我，媽祖是古老的海上女神。

古代的移民渡海遇上風暴的時候，

極有可能也跟我在飛機上遇到亂流時，

呼喊著同樣的名字。

他們甚至將她的神像帶上船，一起來到新家。

大員
Formosa

今天的大甲，你仍然很難把媽祖跟這裡的日常分開看待。

以媽祖廟為中心，環繞著車站、餅舖、百貨、武館、銀樓和電信局，
各種行業與人群在此忙碌的匯流著，
活像個政教合一的小鎮。

廟旁的菜市場，是我長大的地方。

和菜籽行的孫子與肉鬆店兒子一起玩耍時，

常有人提起那棵長在路中央、聽說住著一條大蛇，

卻因為媽祖不同意而沒被砍掉的大樹。

我想在很多人的心中，媽祖的意見往往比鎮長或區長來得重要。

在媽祖廟裡，

她透過各種方式真實的跟人們溝通著。

總是焦慮的向她祝禱，希望能多認識自己、找到方向的我，

常常驚訝於她對我的了解。

後來我才知道，其實很多人對媽祖的祈求都很單純，

像是：孩子平安、不要被騙……

外婆說她總在上火車前，

　　求她保佑途中不要想上廁所，因為火車太晃了。

　　　　　　相較之下，我的那些祝禱簡直既貪婪又複雜。

相信媽祖的人，在一百多年來的每年農曆三月，
為了幫她慶生而聚集到大甲，

簇擁著媽祖神轎，徒步走到新港去遶境進香。

走著走著，走成了舉國的大事。

為了護送媽祖，出發那晚你會看到許多不同的陣頭。

他們各自有著不同的典故，總是配合得天衣無縫。

例如哪吒年幼調皮，必須有「老成穩重」的濟公隨行看管。

龐大的進香隊伍裡,

你還會看見此生沒見過的各種車輛

加入這場遊行。

整個小鎮瞬間湧進來自各方的人們。

但令我最動容的，

是因為進香所成就的形形色色小人物。

某一年那個戴著彌勒佛頭的鎮上孩子，

跳上高台隨著電音熱舞，得到大家意外的瘋狂歡呼。

從此「大頭佛」

成了年輕孩子們每年最期待的偶像。

那些陣頭的成員與隨行的香客，

　　　平時各不相識、各有各的生活，

　　　　　　卻在這九天八夜裡，動員成各司其職的團隊。

甚至組織了一支在城鎮與鄉野之間來去穿梭的銅管樂團。

一路上，家家戶戶都準備了各種菜餚、點心和用品，
與陌生的過路香客分享。

我都跟外地朋友說：「這是大甲Buffet。」
朋友說：「媽祖真的很特別。」

大甲小孩不論去了哪裡，總會在這天回到鎮上，
找到最好的位置送媽祖一程。

那年我旅居在半個地球外的地方，也都忘懷不了。

媽祖，成了故鄉的象徵跟繫帶。

小時候被長輩問道：「長大想去哪？」

「就待在大甲啊！」我理所當然的說。

當時大人們笑我好天真。

現在每當我回到水尾橋邊送她出城時，

還是滿心希望可以一直待在這裡就好。

「面對世界時，
該怎麼說一個關於自己的故事？」

「我到底是誰？」

回到這個創作萌芽的旅英期間，竟然正是倫敦這個和大甲長的一點也不一樣的地方，以及匯流在那裡的各國文化與族群，刺激著我從頭檢視成長過程的每一段旅程。很自然的，把我長成今天這個樣子的故鄉便成為這段探索的第一站。

大甲人跟媽祖之間的關係很有趣，好像一年四時的生活都跟媽祖有關。我常對外地人形容大甲像是個政教合一的小鎮，對於鎮上的大小事，媽祖的意見總舉足輕重。而大甲人更像是用了整年的時間，直接或間接準備著媽祖出城進香的活動。然而，除了進香時的人聲鼎沸，這城平時是什麼樣貌？城裡的人都在幹嘛？是什麼樣的力量凝聚著城裡的人，在他們痛苦時提供慰藉？對媽祖的信仰可以解釋很多大甲今日樣貌的原由。

在正式下筆之前，我發現我們對於媽祖向來比較了解的，是她身為一個信仰的由來、傳說、儀典知識與觀光價值。但臺灣的媽祖文化中卻不常看到由當代的個人情感經驗出發，去闡述媽祖對今日常民生活刻畫的書籍。因此在創作的過程中，我試著很忠實的重現這個小鎮的日常片段。例如，媽祖在這本書裡通篇都沒有以具體形象出現，但你卻能在每個畫面跟事件裡感覺到她，這便是許多大甲人的生活，也是我對故鄉能做的最寫實的描繪。

對我來說，生活的記憶便是最好的文化載體。選擇以插畫創作本書的目的，便是希望用易於傳達、閱讀的方式承載我們獨特的文化累積。期待有一天，在世界彼端的各個角落，不管什麼國家、信仰、背景的讀者都能藉著書中人、神、小鎮趣味的共處方式，認識這個特別的地方，也藉此得到某種解讀臺灣文化的引子。

來自海線、剽悍的，

Ballbass

作 者 介 紹

Ballboss
插畫家/劇場編導/跨領域藝術家

原為劇場導演的Ballboss有著曲折的一生。
打著如意算盤出發去英國改學動畫導演前,卻收到學校臨時通知說:「不好意思,我們今年全面
改為只教插畫囉。」因而被迫成為插畫家。沒想到將舞台搬上什麼都不會動的畫紙上後,
卻也意外的絕處逢生。藉著對題材的嗅覺與獨特的敘事手法,常賦予畫中故事
一種幽默且臨場感十足的氣味。

返國後,承襲著這勇於顛覆媒材界限的精神,成立跨界藝術品牌「Ballboss & Stories」,
以極具創見的在地題材策展作品,於2016-17年間連續兩屆榮獲文化部年度文創之星殊榮,
並於2019年入圍義大利波隆納插畫展。
目前持續以各種故事為主要的產出,
形式跨足插畫、劇場、潮流創意與跨領域創作等。

ballboss-stories.com

出大甲城

特別感謝

林佑恩、張英品、張許暖、張愿壽、張慶宗、曾葦杭、
蔡孟君、賴嘉綾、Summer Bee

文‧圖／Ballboss　書名題字／高一民　美術設計／Zooey　編輯總監／高明美　總編輯／陳佳聖
副總編輯／周彥彤 行銷經理／何聖理　印務經理／黃禮賢 社長／郭重興　發行人暨出版總監／曾大福
出版／步步出版 Pace Books 發行／遠足文化事業股份有限公司　地址／231新北市新店區民權路108-2號9樓
電話／02-2218-1417　傳真／02-8667-2166　Email／service@bookrep.com.tw 客服專線／0800-221-029
法律顧問／華洋國際專利商標事務所 蘇文生律師 印刷／卡樂彩印股份有限公司 初版／2019年04月　定價／380元
書號／IBTI1020　ISBN／978-957-9380-31-7

Beyond Dajia's Gate

From a young age, the children of Dajia hear stories about Ma-tzu, the goddess of the sea, whose birthday is celebrated each year during the third month of the lunar calendar. Worshippers come from near and far to join a great procession, filled with all sorts of interesting vehicles and a parade of mythological characters. Amidst the music, free food, and dancing, a mysterious bond forms between the villagers and worshippers. After the children of Dajia grow up, no matter where they live, they return each year to the town, where Ma-tzu remains the symbol of their home.

BALLBOSS & STORIES
Original #3